Sonar 35

Die Herausgabe dieses Werks wurde gefördert durch TRADUKI, ein literarisches Netzwerk, dem das Bundesministerium für europäische und internationale Angelegenheiten der Republik Österreich, das Auswärtige Amt der Bundesrepublik Deutschland, die Schweizer Kulturstiftung Pro Helvetia, die Interessengemeinschaft Übersetzerinnen Übersetzer (Literaturhaus Wien) im Auftrag des Bundesministeriums für Kunst, Kultur, öffentlichen Dienst und Sport der Republik Österreich, das Goethe-Institut, die S. Fischer Stiftung, die Slowenische Buchagentur, das Ministerium für Kultur und Medien der Republik Kroatien, das Ministerium für Gesellschaft und Kultur von Liechtenstein, die Kulturstiftung Liechtenstein, das Ministerium für Kultur der Republik Albanien, das Ministerium für Kultur und Information der Republik Serbien, das Ministerium für Kultur Rumäniens, das Ministerium für Bildung, Wissenschaft, Kultur und Sport von Montenegro, die Leipziger Buchmesse, das Ministerium für Kultur der Republik Nordmazedonien und das Ministerium für Kultur der Republik Bulgarien angehören.

Meine Mama weiß, was in den Städten vor sich geht

Radmila Petrović

AUS DEM SERBISCHEN VON PHILINE BICKHARDT
UND DENIJEN PAULJEVIĆ

Vorwort

von Andrea Petković

Ich komme nicht von der Poesie, ich komme von der Prosa. Sicher, wie vermutlich jede Schreibende habe auch ich mich als Teenagerin zunächst an Gedichte gewagt, um die in mir plötzlich aufkommenden überbordenden Gefühle mit Worten zu zähmen. Ich stellte ziemlich schnell fest, dass es gar nicht so einfach ist, ein Gedicht zu schreiben. Geschweige denn ein gutes Gedicht. Radmila Petrović hat dieses Problem zum Glück nicht. Obwohl wir beide mit dem fast gleichen Nachnamen gesegnet wurden (oder gestraft, wie man's nimmt), ist das Talent zum Gedichte-Schreiben durchweg einseitig verteilt. Wie Sie sich vielleicht denken können, zu meinen Ungunsten.

Mir tun die Teenager leid, die mit Radmilas Gedichten konfrontiert werden, denn auch sie werden denken, dass es leicht ist. So elegant, so leichtfüßig kommen die Verse über die Seiten getrabt. Sie lassen fast die Schwermut darunter vergessen.

Es ist egal, dass ich von der Prosa komme und von mir behaupte, nichts von Poesie zu verstehen, denn was Poesie vermag, kann ich hier Seite für Seite erleben, erfühlen, ertasten, erschmecken. Wie Radmila Petrovićs Worte Bilder zeichnen, skizzieren und doch punktgenau landen, kein Wort zu viel verwendend. Wie sie Geschmäcker meiner Kindheit heraufbeschwören, von Kirschen und Wassermelonen im Sommer, von Himbeeren und rakija. Wie sie ganze Familiendynamiken aufdecken und wieder verschleiern, etwas ahnen lassen und doch mysteriös bleiben.

Die Form, die die Bilder annehmen, mag sehr Balkan sein. Die Kohlstrünke und die Traktoren, die Hitze im Hochsommer, tanzende Menschen bei Beerdigungen, Blaskapellen und versteckte Messer in Hosentaschen. Aber die darunterliegenden Kämpfe um individuelle Freiheit, ums Erwachsenwerden, ums Emanzipieren von seinen

Eltern und dem Dorf, in dem man aufgewachsen ist, sind universell. Die Entfremdung von den Menschen, die man liebt und mit denen man via Blut ein Leben lang verbandelt bleibt, die man aber, je erwachsener man wird, immer weniger versteht, die einen selbst von Tag zu Tag weniger verstehen, je erwachsener man wird, ist auf jeder Seite greifbar.

Dass Geschlechterrollen auf dem Balkan noch sehr klassisch interpretiert werden, um nicht zu sagen konservativ bis auf's Blut, dass scheinbar alle um das lyrische Ich herum zu wissen meinen, was von einer Frau und was von einem Mann zu erwarten ist, kreiert eine Spannung, die sich durch fast alle Gedichte zieht. Und gerade wenn man denkt, dass jeder Vers zeitlos ist, dass alles genauso vor hundert Jahren auch schon war, und vielleicht in hundert Jahren noch genauso sein wird, durchbricht Radmila Petrović die Erwartung, die Gemütlichkeit, in der man sich eingerichtet hat, und schmuggelt Wörter ein wie Wall Street oder E-Mail-Passwort oder Ikea. Wie um sich zu vergewissern, ob wir noch bei ihr sind, um sicherzugehen, dass wir aufmerksam geblieben sind. Doch darum muss sie sich keine Sorgen machen. Wir hängen an jedem ihrer Worte, jedes Bild, das sie entwirft, ist ein eigenes kleines Narrativ.

Die deutsche Übersetzung von Denijen Pauljević und Philine Bickhardt ist exzellent und fängt ganz wunderbar die Eigentümlichkeit des Serbischen ein, das Harte und das Blumige und wie sie nebeneinander existieren, vielleicht nicht als Geschwister, aber als erste Cousinen allemal.

Ich mag nicht von der Poesie kommen, aber zu ihr gehen nach der Lektüre dieses Gedichtbandes von Radmila Petrovic werde ich wieder und wieder.

Gospođo, šta imate kod kuće?
Dve ćerke.
Čestitam, dobili ste i treću.

Frau, was haben Sie zu Hause?
Zwei Töchter.
Ich gratuliere. Jetzt haben Sie drei.

Devojka koja ne veruje u mitove

kod proročice smo išli
tata, mama i ja
rekla je biću muško
i nešto veliko
spasla mi je život

devojčice koje se ovako rode
ne poznaju bogove
za sedmi rođendan
kolju petla na panju

ne koriste maskaru
nego masat i francuski ključ
voze traktor
cede čvarke
i jedu kavurmu

to su one dugonoge devojke
što same šetaju
dok se prve pahulje tope
na krovu hotela Moskva

priđi im samo ako možeš
zavoleti muškarca u njima

Das Mädchen, das nicht an Mythen glaubt

zur wahrsagerin gingen wir
papa, mama und ich
sie sagte, ich werde ein mann sein
und etwas großes
sie rettete mir das leben

mädchen, die so geboren sind
kennen die götter nicht
zum siebten geburtstag
schlachten sie den hahn auf einem baumstumpf

wimperntusche benutzen sie nicht
sondern wetzstab und schraubenschlüssel
fahren traktor
pressen schweinegrieben aus
und essen kavurma

das sind diese langbeinigen mädchen
die allein spazieren gehen
während die ersten flocken schmelzen
auf dem dach des hotels Moskva

nähere dich ihnen nur, wenn du dich
in den mann in ihnen verlieben kannst

Govorili su mi da je Beograd grad u kome nikog ne smeš da pogledaš u oči

ja sam šmeker-devojka
imam perorez u džepu
i žice u brushalteru
ne znam da pričam o filmovima
znam kako se sade luk i grašak
i da točkovi traktora idu samo pravo
kad nestane ulja za hidrauliku
ali njega to ne interesuje

on je muškarac-dama
ne zna kako funkcionišu
porodični sistemi sa sekirama
vilama i grabuljama
zna koja su vina dobra
koji kaputi preplaćeni
ali mene to ne zanima

mala, zajebi, kaže
i ja se setim
kako je vrućina bila velika
tog leta u malinama, a cena niska
pa smo blokirali prugu
prevrnuli maricu
i da je jedan iz žandarmerije
imao isto tako sjajne oči
i pogled koji pomera kašike
bilo je naređenje

Man sagte mir, Belgrad ist eine Stadt, in der du niemand in die Augen schauen darfst

ich bin ein ganoven-mädchen
habe ein klappmesser in der hosentasche
und drähte in meinem BH
ich weiß nicht, wie man über filme spricht
ich weiß, wie man zwiebeln und erbsen anbaut
und dass die traktorräder nur noch geradeaus fahren
wenn das öl für die hydraulik ausgeht
aber ihn interessiert das nicht

er ist eine mann-dame
er weiß nicht wie
funktionieren familiensysteme mit äxten
heugabeln und rechen
er weiß, welche weine gut sind
und welche mäntel überteuert
aber mich interessiert das nicht

ach kleine, scheiß drauf, sagt er
und ich erinnere mich
was für eine hitze war
während des sommers in den himbeeren, und der preis so niedrig
deswegen blockierten wir die schienen
kippten ein polizei-auto auf den rücken
und dann hatte einer aus der gendarmerie
auch so wundervolle augen
und einen blick, der löffel verrücken kann
es gab die anweisung

ne sme se probiti kordon
ali cena je bila niska
nismo mogli radnike da isplatimo
i sve su to bili
neki muškarci-dame u oklopima
koje su žene iz mog sela
probijale kamenjem

tamo gde sam odrasla
nežnost se ne iskazuje prema ljudima
ona se čuva
za mačiće što se okote u štali
tamo naučiš neke fore
onda odeš daleko
i tražiš muskarca koji na njih ne pada

kad ga sretneš počinje rat
za koji nemaš nikakvu strategiju
zato što je ljubav jednostavna
a ti si pre svega devojka
i u neke bitke
ne ulaziš da bi pobedila

die polizeisperre darf nicht durchbrochen werden
aber der preis war niedrig
wir konnten die arbeiter nicht auszahlen
und da war
eine panzerung aus mann-damen
die von frauen aus meinem dorf
mit steinen durchbrochen wurde

dort, wo ich aufgewachsen bin
wird zärtlichkeit nicht gegenüber menschen ausgedrückt
sie wird aufbewahrt
für die kätzchen, die im stall geboren werden
und dort lernst du paar kniffe
und dann gehst du weit weg
und suchst dir einen mann, der nicht auf sie anspringt

wenn du ihn triffst, beginnt der krieg
für den du überhaupt keine strategie hast
weil die liebe einfach ist
aber du bist vor allem ein mädchen
und in manche kämpfe ziehst du nicht
um zu gewinnen

Prase na Vol Stritu

bio je decembar
sneg je padao
kao i berzanski indeksi
još od avgusta

deda je pričao o ratovima
i ja bih čula
kako topovi pucaju u daljini
mada sam znala da je furuna
puna suvih bukovaka

život je otkucavao mogućnosti
ne ovde
ovde su se krmače
prasile s prvim snegom

kao stihovi
nizali su se prasići
skidali smo im opne s njuški
ložili vatru i brojali

bili su to prasići-tragači
srljali po ćoškovima
shvatali gde je najtoplije
i vraćali se majci

posle je došlo proleće
u naše selo, ne na Vol Strit

Das Ferkel auf der Wall Street

es war dezember
der schnee fiel
wie auch der aktienindex
seit august schon

der großvater erzählte von kriegen
und ich hörte
wie in der ferne kanonen donnern
obwohl ich wusste, es ist die feuerstelle
voller buchenholz

das leben tickte, schuf die möglichkeiten
nicht hier
hier bekamen die sauen
junge mit dem ersten schnee

wie verse
reihten sich die ferkel auf
wir entfernten die schmiere von ihren schnauzen
heizten das feuer an

das waren spür-ferkel
sie schnüffelten in den ecken
erkannten, wo es am wärmsten war
und gingen zu ihrer mutter zurück

danach kam der frühling
in unser dorf, nicht auf die wall street

i nije bilo te recesije
koja bi sprečila
da slavimo Đurđevdan

prasići su bili hrskavi
jeli smo i mislili
okrutan je taj kapitalizam

und es gab keine rezession
die unser fest am georgitag
verhindern konnte

die ferkel waren knusprig
wir aßen und dachten
grausam ist dieser kapitalismus

Moja loza ima dar da skrati liniju života

moj deda je znao više nego što mislite
rekao je čoveku
dabogda plakao kad budeš najsrećniji

sin mu je poginuo na venčanju svoga
brata
dedu nije trebalo ljutiti

mogla bih se ograditi od porodice
koja u krugu od hiljadu metara
nije pričala sa komšijama

od stričeva koji su lomili vilice
svojim najboljim drugovima
od tetaka koje se nisu udale
jer nisu mogle ni sa kim

zato nosim perorez u džepu
jer znam da mogu doći na naplatu
sve te glave, vilice i srca

mogla bih se ograditi
mada postoji crta
koju bi neko mogao da pređe

i moja ruka postala bi stričeva
noge bi uzele tatin korak
a usne proklele dedinim rečima

mogla bih se ograditi
ali odrasla sam na selu i videla
ako u proleće posadiš grašak
na toj njivi u leto neće biti paradajza

Meine Familie hat die Gabe, die Lebenslinie zu verkürzen

mein großvater wusste mehr als ihr denkt
er sagte zu einem mann
du wirst weinen, wenn du am glücklichsten bist

sein sohn verunglückte auf der hochzeit seines
bruders
den großvater durfte man nicht ärgern

ich könnte mich von der familie abwenden
die im umkreis von tausend metern
mit keinem nachbarn sprach

von onkeln, die kiefer brachen
ihren besten freunden
von tanten, die nicht heirateten
weil sie mit niemandem konnten

deswegen trage ich das klappmesser in der hosentasche
ich weiß, dass für die ganzen köpfe, kiefer und herzen
die rechnung kommt

ich könnte mich abwenden
wobei es eine linie gibt
wird diese überschritten

meine faust würde onkels werden
die beine würden papas schritt annehmen
und die lippen mit großvaters worten sie verfluchen

ich könnte mich abwenden
aber ich wuchs im dorf auf und sah
wenn du im frühling erbsen anbaust
wird es im sommer auf dem acker keine tomaten geben

Ekonomija žudnje

znaš kakva je bila moja baba
čuvala je decu po Herceg Novom
on mlatio mistrijom
po zidovima u komšiluku
pa se udala

zime su bile duge
kubici drva se pogoreli
ona je palila vatre
on tresao čunkove o njenu glavu

gde god sad da odem
kažem nisam odande
pripadam poljani,
tamo gde su komšije odavno
zakopale mućak sa naše strane
međe,
ali ne i ljudima koji su je naselili

u nižim razredima sam sanjala
kako me jure da me kolju
u višim četvorku iz matematike
na fakultetu nisam dizala bune

noću čujem topljenje glečera na
severu
klizišta kako zatrpavaju Ameriku
tako im i treba!
govore ljudi iz mog sela

Die Ökonomie der Begierde

weißt du, wie meine großmutter war
sie hütete kinder in Herceg Novi
er fuchtelte mit dem spachtel
über die wände in der nachbarschaft
und so heiratete sie

die winter waren lang
das brennholz brauchte sich auf
sie machte feuer
und er schlug ihr mit kaminrohren auf den kopf

wo auch immer ich jetzt hingehe
sage ich, ich komme nicht von dort
ich gehöre dem feld an
dort, wo unsere nachbarn schon seit jeher
ein verdorbenes ei vergraben haben auf unserer seite
der feldgrenze
aber nicht denjenigen, die neu hinzugezogen sind

in den unteren klassen träumte ich
wie man mich jagt, um mich zu köpfen
in den höheren von einer zwei in mathematik
an der universität begehrte ich nicht auf

nachts höre ich die gletschererwärmung im norden
wie gesteinsmassen Amerika unter sich verschütten
das geschieht ihnen recht!
sagen die leute aus meinem dorf

grudi su mi i danas
kao nekad ocena iz matematike
Petrović, mršava dvojka!
rekla bi nastavnica dok deli zadatke

i dalje me pitaju o tebi, to boli
mnogo više nego
kad su me u školi pitali
koje slovo ne znam da kažem
pa pička vam materina
recite vi ono što ne znate, mislila sam

bićeš bogat
kako si se stalno i ponašao
a nisam ti rekla
oduvek sam maštala da kreneš ka meni
onde gde i buržuji kreću praznih ruku

uvek sam želela
da dođeš u zagrljaj

meine brüste sind heute immer noch so
wie damals meine note in mathematik
Petrović, gerade noch eine vier!
würde die lehrerin sagen, während sie aufgaben verteilt

und weiterhin fragt man mich nach dir, das tut weh
viel mehr als
wenn man mich in der schule fragte
welchen buchstaben ich nicht aussprechen kann
fickt euch doch alle
dann sagt ihr mal das, was ihr nicht wisst, dachte ich

du wirst reich sein
so hast du dich schon immer gegeben
aber ich habe dir nie gesagt
schon immer träum ich davon, dass du zu mir kommst
dorthin, wo selbst der bourgeois mit leeren händen hingeht

immer wünschte ich mir
dass du kommst in meine arme

Krtičnjak

nalazili smo viljuške
zakopane u kukuruzištu
sve će im se vratiti
deda je ponavljao

nešto nije kako treba
osećala sam pri udaru belutka
o staklo prozora u noći

niko mi ništa nije pričao
mama je sarme punila tajnama
kočeve za pripinjanje krava
zaticali smo pobijene naopako
tri dana nije bilo mleka
ni za belu kafu

neko je dolazio na naše pašnjake
pre izvođenja goveda
zakopavao mućak pored kapije
pas je režao
a mi mislili da laje na lisice

takvo je ovo selo
osećaš njegove oči na koži
ovde se trguje krilima slepog miša
i gine ispred prodavnice

deda me je naučio kad sam porasla

Maulwurfshügel

wir entdeckten gabeln
vergraben im maisfeld
gleiches wird mit gleichem vergolten
wiederholte der großvater

etwas ist nicht wie es sein sollte
fühlte ich, als kieselsteine
in der nacht ans fensterglas schlugen

niemand erzählte mir etwas
mama füllte die krautwickel mit geheimnissen
die pflöcke zum anbinden der kühe
fanden wir kopfüber in die erde geschlagen
drei tage gab es keine milch
nicht einmal für den kaffee

jemand kam immer wieder auf unsere weiden
vor dem vieh
vergrub ein faules ei am tor
der hund knurrte
und wir dachten, er bellt füchse an

so ist dieses dorf
du spürst seine augen auf der haut
hier handelt man mit fledermausflügeln
und verunglückt vor dem supermarkt

der großvater brachte mir bei, als ich groß wurde

strani predmet
zakopaš pred zoru u krtičnjak
čim sunce grane
počne da tutnji po komšiluku

nikad nismo ostajali dužni
nema se tu šta govoriti

einen fremden gegenstand
vergräbst du vor dem morgengrauen im maulwurfshügel
sobald die sonne aufgeht
beginnt es zu poltern in der nachbarschaft

wir zahlten es immer allen heim
daran ist nichts auszusetzen

Pre polaska u školu znala sam šta je oduzimanje

bila sam opet žensko

mama je plakala u porodilištu
deda opsovao kad je čuo

samo je baba umrla na vreme

svuda pogledi-srpovi
pratili su za šta ću se uhvatiti

volela sam pištolje, bagere
i čekić

šta će ti to? ti si žensko
žensko si! govorili su

sedela sam tati u krilu
okretala volan traktora
na filmu to nikad nisu prikazali

tamo devojčica drži kormilo
s očevom rukom na leđima
ima more ponosa
da potopi sve naše poljane

ovaj kadar je drugačiji
volan je utešna nagrada

Noch vor der Einschulung wusste ich was Subtrahieren ist

schon wieder ein mädchen

mama weinte auf der entbindungsstation
großvater fluchte, als er es erfuhr

nur großmutter war rechtzeitig gestorben

überall sichel-blicke
sie verfolgten nach was ich greifen würde

ich liebte pistolen, bagger
und den hammer

was willst du denn damit? du bist ein mädchen
ein mädchen bist du! sagten sie

ich saß meinem papa auf dem schoß
drehte am traktorlenkrad
in den filmen zeigten sie so etwas nie

dort hält ein mädchen das ruder
mit vaters hand auf dem rücken
besitzt ein meer aus stolz
um all unsere äcker zu fluten

diese szene ist anders
das lenkrad ist ein trostpreis

dali su mi udžbenike
i držali me dalje od alata

šteta što nije muško
mislile su strine ispod oka

uvek sam uspevala
da sve uradim kako treba
a oni mi nikad nisu oprostili
što sam Radmila

sie haben mir schulbücher gegeben
und hielten mich fern vom werkzeug

schade, dass sie kein junge ist
dachten die tanten argwöhnisch

ich schaffte es immer
alles richtig zu machen
und sie verziehen mir nie
dass ich Radmila bin

Prokletstvo šume

srne nisu prilazile domaćinstvima
viđali smo ih kad krenemo uz brda
da beremo šipurke za džem

jednog leta tata je zajedno
s livadskom travom pokosio lane
u sumrak je planina zaplakala

od tada sam uvek
hodala ispred kosačice
pomerala tek rođene zečeve
zmije katapultirala vilama

od tada nosim prokletstvo šume

tvoje srce srne u mojim očima
vidi žute lovačke pse
umesto prstiju noževe kosačice

ne možeš više, javio si

noge mi je zajedno sa senom
mama jutros položila kravama

Fluch des Waldes

rehe näherten sich den bauernhöfen nicht
wir sahen sie, wenn wir aufbrachen, die berge hoch
um hagebutten zu pflücken für die marmelade

in einem sommer mahte der papa
mit dem wiesengras auch ein rehkitz nieder
in der dämmerung brach der berg in tränen aus

seitdem ging ich immer
vor dem mähdrescher
räumte die frisch geborenen hasen
aus dem weg
die schlangen schleuderte ich mit der mistgabel weg

seitdem trage ich den fluch des waldes in mir

dein rehherz in meinen augen
sieht gelbe jagdhunde
und anstelle von fingern
sieht es die messer des mähdreschers

du kannst nicht mehr, sagtest du

meine beine, zusammen mit dem heu
legte meine mama heute morgen vor die kühe

Iznad tvojih ključnih kostiju

hajde, pozovi me
želim da ti pokažem

koliko duše mogu
da smestim u jamice
iznad tvojih ključnih kostiju

Über deinen Schlüsselbeinen

komm, ruf mich zu dir
ich will dir zeigen

wie viel seele
platz hat in den gruben
über deinen schlüsselbeinen

Četiri poljupca da spasemo svet

upoznajte ga

kada pali cigaretu
izgleda kao kuća
koju su mačke napustile

u ljubav se zaletao
kao stršljen u staklo prozora

mislio je uzima
a odnosile su deo po deo

jedini način da se sastavi
jeste da se izgradi ponovo

nek se javi neka koja ume

ja nemam skupe haljine
nemam haljine uopšte
često gricnem živac ispod nokta
držim laktove na stolu

nisam ti ja neka dama
a on to zaslužuje

ako si ti ta žena
ako ćeš nositi najlepše haljine
prikladan mejkap

Vier Küsse, damit wir die Welt retten

lernt ihn kennen

wenn er eine zigarette anzündet
sieht er wie ein haus aus
das die katzen verlassen haben

in die liebe stürzte er hinein
wie eine hornisse ins fensterglas

er dachte, er nimmt
aber sie trugen ihn weg, stück für stück

der einzige weg, ihn zusammenzusetzen
ist, dass man ihn wieder aufbaut

es soll sich eine melden, die es kann

ich habe keine teuren kleider
ich habe überhaupt keine kleider
oft knabbere ich den nerv unter dem nagel an
lehne mich mit den ellbogen auf den tisch

ich bin ja keine dame
und er verdient das

wenn du diese frau bist
wenn du die schönsten kleider
das passende make up tragen

jesti dagnje ispravno
svideti se njegovom tati

i kad zaspi, ako ne bude ceo
reci mu neka se javi
odvela bih ga u tri
pičke materine i tamo ljubila

die miesmuscheln auf die richtige weise essen
seinem vater gefallen wirst

und wenn er einschläft, wenn er nicht ganz wird
sag ihm, er soll sich bei mir melden
ich würde ihn zu drei teufeln
jagen und dort küssen

Zašto sestra plače?

zimi su Ciganke obilazile selo
govorila si ko ne bude dobar
strpaće ga u torbu i odneti
zajedno s neprodatim zavesama
i ukrasima za jelku

šuma je listala
tvoje ćerke maštale su o gradu
i hodu u štiklama po kući

ali to je moglo samo u TV seriji
ti nikad ne bi dozvolila
da se ulubljuje parket

jednog sam te leta pitala
zašto sestra plače i što su joj
krvave pantalone
rekla si
pa znaš, ona je devojčica

neki su me momci kasnije
presretali po kafićima
pitali da budem njihova
i jedna me devojka isto pitala

posle kad sam shvatila
kako uvek plačeš
zato što si devojčica

rešila sam da ostanem ona
što u crvenim klompama
skuplja puževe posle kiše

Warum weint die Schwester?

im winter streiften romnia im dorf herum
du sagtest, wer nicht brav ist
den stecken sie in einen sack und nehmen ihn mit
zusammen mit unverkauften gardinen
und weihnachtsschmuck

der wald bekam blätter
deine töchter träumten von der stadt
und gingen im haus in stöckelschuhen

aber das war möglich nur in einer tv-serie
du hättest nie zugelassen
dass das parkett zerschrammt wird

eines sommers fragte ich dich
warum weint die schwester und warum
ihre hose blutig ist
du sagtest
du weißt schon, sie ist ein mädchen

manche junge männer trafen mich später
in den cafés
fragten, ob ich mit ihnen gehen würde
ein mädchen fragte mich das gleiche

später, als ich begriff
dass du immer weinst
weil du ein mädchen bist

beschloss ich, die zu werden
die in roten holzschuhen
nach dem regen schnecken sammelt

Pesmu ne bih nazvala po ulici Požeškoj

ne zato što mi smetaju tramvaji
zbog kojih soliteri vibriraju
dok mesec blica po šinama

i to me podseti
kuću sam pravljenu da bude
najveća u selu zamenila stanom

zbogom komforu, zbogom blagodeti
pravne svojine

prodavala sam maline i dobro prolazila
jurila me inspekcija niz trotoare
to nije ključno u tome
zašto pesmu ne bih nazvala po ulici

ujutru znaš da budeš nežna pa ipak
draža mi je kaldrma
od naftnih mrlja na asfaltu
koje su zarobile dugu

pesmu nikad ne bih nazvala po tebi
jer morala bih da kažem šta tražim
na ovoj adresi, a to nije lako

imaš ljude koji deluju srećno
šećernu vunu vikendom

šta će ti moja pesma, Požeška

Das Gedicht würde ich nicht nach der Požeškastraße nennen

nicht weil mich die trams stören
die die hochhäuser zum vibrieren bringen
während der mond über die schienen peitscht

und das erinnert mich an etwas –
das haus, gebaut, um
das größte im dorf zu sein
tauschte ich gegen eine wohnung

lebe wohl komfort, lebe wohl gemütlichkeit
rechtliches eigentum

ich verkaufte himbeeren und kam gut durch
die inspektion jagte mir auf der straße hinterher
doch das ist nicht entscheidend dafür
dass ich das gedicht nicht nach der straße nennen würde

am morgen kannst du ganz sanft sein und dennoch
sind mir pflastersteine lieber
als die ölflecken auf dem asphalt
die den regenbogen gefangen nehmen

das gedicht würde ich nie nach dir nennen
weil ich sagen müsste was ich suche
an dieser adresse und das ist nicht einfach

es gibt menschen, die glücklich wirken
zuckerwatte am wochenende

wozu brauchst du mein gedicht, Požeška

Taj momak je spreman sve da ostavi, samo ne cigarete

telefon je vratio sat automatski
jesen je, tvoja devojka
proučava kako se gledamo

ima dobru građu, lepa je
verovatno se budi našminkana
ali ostariće

završio si fakultet
imaš dobro plaćen posao
i razmišljaš šta ćeš biti u životu
imaš i nju, a ne znaš s kim ćeš
dočekati starost

ja sam ti prijatelj dok ne naučim
da pletem džemper i čarape
jer zime su oštre tamo gde ću te povesti
a u proleće cvetaju kaćuni
i bespravno izgrađeni objekti

jesen je i šta me briga za tvoju devojku
znam onu koju ćeš oženiti
srčana je i zove se Radmila

Dieser Kerl ist bereit, mit allem aufzuhören, bloß nicht mit dem Rauchen

die handyuhr wurde automatisch zurückgestellt
es ist herbst, deine freundin beobachtet,
wie wir uns anschauen

sie ist gut gebaut, hübsch
wahrscheinlich wacht sie auf geschminkt
aber sie wird alt

du hast einen uniabschluss
einen gut bezahlten job
und überlegst, was du im leben wirst
du hast sie, weißt aber nicht,
mit wem du alt wirst

ich bin dein freund, bis ich gelernt habe
pulli und socken zu stricken
weil der winter ist hart dort, wohin ich dich mitnehmen werde
im frühjahr blühen der nieswurz
und illegal gebaute objekte

es ist herbst und was geht mich deine freundin an
ich kenne die, die du heiraten wirst
sie ist wild im herzen und ihr name ist Radmila

Zdravo, tata, hrabra sam, samo, nisi nas vodio na more

počela sam da plačem
ne kad sam videla iglu
nego kad je
medicinska sestra rekla
opusti se, kao na plaži

mislio sam da si hrabrija
rekao je tata

tamo se u zoru ustajalo
da se muzu krave
dani su bili dugi
a zemlja tvrda za kopanje

prošlost ne treba mnogo
komentarisati
uostalom, otišla sam

čoveku koji nema ništa
svejedno je gde će da ode

Hallo Papa, ich bin mutig,
nur bist du nie mit uns ans Meer gefahren

ich brach in tränen aus
nicht als ich die nadel sah
sondern als
die krankenschwester sagte
entspann dich, wie am strand

ich dachte, du wärest mutiger
sagte der papa

wir standen im morgengrauen auf
um kühe zu melken
die tage waren lang
und der boden zu hart zum pflügen

die vergangenheit sollte nicht
kommentiert werden
außerdem, ich ging ohnehin weg

für jemand, der nichts hat
ist es gleich, wohin er geht

Šuma, plug, jagorčevina

osećam duše ženskih predaka
koje su nastradale od muške ruke

zakačile se za mene
kad sam krenula u Beograd
i neće ni one kući

govore mi seci ih kao pihtije!

pogledom ili kuhinjskim nožem?
možda perorezom koji nosim u džepu?

hoću, samo ne ovog
naročito ovog! naređuju

od svega što sam na svetu mogla biti
bila sam samo žensko, priča Radovanka
pse na selu nikad nismo cenili
a biti žena bilo je gore od psa

tvoj pradeda je bio kao izvor
kaže Dobrosava, hladan i prek
spavali smo u kaci za rakiju kad me je doveo
vešao me kao mačku koja je pojela sve piliće

a sve je to i bilo zbog rakije

snago, ne pristaj da budeš nečija

Wald, Pflug, Primel

ich spüre die seelen meiner weiblichen vorfahren
die unter der hand eines mannes starben

sie klammerten sich an mich
als ich nach Belgrad ging
und auch sie wollen nicht wieder nach hause

sie sagten mir, zerschneide sie wie sülze!

mit einem blick oder einem küchenmesser?
vielleicht mit dem klappmesser, das ich in meiner hosentasche trage?

ich will, aber bloß nicht diesen
genau diesen! befehlen sie

von allem auf der welt, was ich hätte sein können
war ich nur frau, sagt Radovanka
hunde im dorf wurden nie wirklich respektiert
und eine frau zu sein war schlimmer als ein hund

dein ugroßvater war wie eine quelle
sagt Dobrosava, kalt und harsch
wir schliefen in einem rakija-kübel, als er mich zu sich nahm
hängte mich auf wie eine katze, die alle küken aufgefressen hatte

und das alles wegen rakija

du kraft, weigere dich, jemand anderem zu gehören

izađite iz mojih pesama!
i vi ste htele samo sinove
koji su vam posle razbijali glave

ništa iz muke niste naučile, babe
sve je bilo uzalud

raus aus meinen gedichten!
denn auch ihr wolltet nur söhne
die euch später die köpfe einschlugen

ihr habt nichts aus euren leiden gelernt, großmütter
es war alles umsonst

Ne umem toplije

dođi, imam imanje
žicu kroz koju protiče struja
da čuva krave i komšinicu
koja će o nama znati više nego mi
dođi, ovo je selo puno matičnjaka
spornih međa i neiskorišćenih talenata

ovde ćeš jesti trešnje
i postati dovoljno snažan
da iz poezije proteraš Ikeu
ustupiš prostor jelkama sa Tare
i deci kojoj nisu slavili rođendane

dođi, na ovim brdima
završavaju helijumski baloni
kad se otrgnu uličnim prodavcima
rađaju se lepe devojke
a godine šire ramena muškarcima

moj će te tata voleti
jer ličiš na bistri planinski potok
s kog navodnjavamo sve plantaže
što i kad nema kiša ne prestaje da huči

svi moji školski sastavi bili su o tebi
dođi i zagrli me tako da ponovo imam
devet godina

umeš li to još uvek?

Ich kann es nicht wärmer

komm, ich habe ein landgut
einen draht, durch den der strom fließt
um die kühe und die nachbarin zu schützen
bald weiß sie mehr über uns als wir selbst
komm, dieses dorf ist voller zitronenmelisse,
nachbarschaftsstreit und ungenutzter talente

hier wirst du kirschen essen
und stark genug werden
um Ikea aus der lyrik zu verjagen
um den tannen vom berg Tara bei uns den raum zu geben
und den kindern, deren geburtstage nicht gefeiert wurden

komm, auf diesen hügeln
enden heliumballons
wenn sie den straßenverkäufern entrissen werden
schöne mädchen werden geboren
und die jahre weiten die männerschultern

lieben wird dich mein papa
weil du an den bergbach erinnerst
mit dem wir alle äcker bewässern
auch ohne regen hört er nicht auf zu tosen

alle meine schulaufsätze handeln von dir
komm und umarme mich, sodass ich wieder
neun jahre alt bin

kannst du das immer noch?

Nemam s kim da pljujem u lavabo naizmenično pastu za zube

on ima karijeru
stan od osamdeset kvadrata
i vilice sa reklame za brijače

voli devojke, priča suptilno
nije zainteresovan za mene

a ja sam ipak devojka
kakva-takva
rođena devojka!
ne preterano ženstvena

jednom je neka žena
zalutala u naše selo, pitala me
dečko, gde ovde može
da se okrene auto

posle ju je tata izvlačio
traktorom iz jaruge
kaže šta ti bi da je tamo pošalješ

on ima devojku i gleda je
kao da izumire poslednji primerak
flamingosa

kad me sretne uvek pita zašto
pišem pesme

zato što pitbulovi u parku
ne deluju srećno, kažem

Ich habe niemand, mit dem ich abwechselnd die Zahnpasta ins Waschbecken spucken kann

er macht karriere
hat eine wohnung von achtzig quadratmetern
und einen kiefer wie aus der werbung für rasierer

er liebt mädchen, drückt sich subtil aus
interessiert sich nicht für mich

und ich bin allerdings ein mädchen
bin so wie ich bin
ein richtiges mädchen!
nicht übermäßig feminin

einmal verirrte sich eine frau
in unser dorf, fragte mich
junge, wo kann man hier
den wagen wenden

später zog sie mein vater
mit dem traktor aus dem straßengraben
sagte, warum musstest du sie dahin schicken

er hat eine freundin und schaut sie an
als würde das letzte flamingoexemplar
aussterben

wenn er mich sieht, fragt er immer warum
ich gedichte schreibe

weil pitbulls in den parks
nicht glücklich werden, sage ich

Trubači

moj deda nije bio loš
malo feminiziran
pričao je
pazi se ljudi sa svetlim očima
pio petrolej i živeo dugo

voleo je babu
kad je umrla

komšija Jole je zavideo dedi
kako smo ga mi unuke oplakale

zato je u amanet
ostavio da ga isprate trubači
i da opletemo kolo

igrali smo
neprestano udarajući o spomenike

dok su gradska deca
pokušavala da budu kul

meni je Jole najlon džak
punio slamom i gledao
kako se sankam niz livadu

nije umeo da čita i piše
toga se stideo

Blasmusiker

mein großvater war nicht schlecht
ein wenig effeminiert
sagte
nimm dich in acht vor menschen mit hellen augen
trank petroleum und lebte lang

liebte die großmutter
als sie starb

nachbar Jole beneidete den großvater
wie wir enkelinnen ihn beweinten

sein letzter wunsch war, dass
blasmusiker ihn verabschieden
und wir mit dem reigentanz loslegen

wir tanzten
rempelten in einem fort die grabsteine an

während die stadtkinder
versuchten cool zu sein

mir füllte Jole einen nylonsack
mit stroh und schaute zu
wie ich die wiese hinunterglitt

er konnte weder lesen noch schreiben
schämte sich dafür

govorio
nije bilo mogućnosti

more, Rado, nije bilo ničega

Jole, ja čitav život znam
samo za školu
a ništa me nije naučila

sagte
es gab keine möglichkeiten

wobei, Radmila, es gab überhaupt nichts

Jole, mein ganzes leben kenne ich
nur schule
und nichts hat sie mich gelehrt

Odjeci šume

istina je da sam jednom
spasla srnu lovačke puške
i da je tata posle slučajno
pokosio njeno lane

zar očevi to redovno ne rade
svojim ćerkama?

Widerhall des Waldes

es ist wahr, dass ich einmal
eine rehkuh vor dem jagdgewehr rettete
und dass mein papa danach aus versehen
ihr junges niedermähte

das tun die väter ohnehin immer
ihren töchtern an, nicht wahr?

Planina u plamenu

tata, u ovoj ćerki imaš pomalo sina
kog si mnogo želeo
ne samo u načinu na koji hodam
ili igram uz pesme Sinana Sakića

nekad kroz mene prostruji krv predaka
onih što su ubijali svoje žene
puškom skidali komšijsku decu s trešnje

možda bih i ja mogla
rano da upregnem volove
dugo gradim ono što ću kasnije
da polupam

šta to natera čoveka da krene
na sopstvene snove čekićem?

mogla bih se probuditi i reći
ženo, ispeci mi kokošku za ručak
danas ništa neću da radim
sanjala sam da sam Bog

tata, u ovoj ćerki imaš pomalo sina
koji se nije rodio

spasena je jedna žena
muške krvi po kojoj plivaju ćuskije

Der Berg in Flammen

papa, in dieser tochter hast du ein bisschen sohn
den du dir so sehr gewünscht hast
nicht nur in der art wie ich laufe
oder tanze zu den songs von Sinan Sakić

manchmal fließt das blut der vorfahren durch mich
die ihre frauen umbrachten
und nachbarskinder mit einem gewehr vom kirschbaum runterholten

vielleicht könnte ja auch ich
in der früh die ochsen einspannen
lange baue ich das
was ich später zerschlagen werde

was einen menschen wohl antreibt loszugehen
auf die eigenen träume mit einem hammer?

ich könnte aufwachen und sagen
frau! koch mir ein huhn zum mittagessen
heute will ich nichts tun
ich träumte, ich bin Gott

papa, in dieser tochter hast du ein bisschen sohn
der nicht geboren wurde

gerettet ist eine frau
von männlichem blut, in dem brecheisen schwimmen

Kad me opišeš prijateljima kažu šta će ti to

nećeš da me pogledaš
okretanje tvoje glave je udar
grumena zemlje u kovčeg
iz ruku onog ko je voleo

sledeći put kad te sretnem
možda već budeš doktorirao
izveo ženu iz porodilišta

možda tvoji krenu da odnesu
pidžamu u bolnicu
jer su ti glavu razbili flašom
prošlu noć

tvoja će majka primetiti
neku devojku na semaforu
oni ne znaju mene
ali znam ja kakvi su oni

kad ti nisu dali na ekskurziju
pred tobom se tukli
mislili da su kutnjaci mlečni
pa te nisu na vreme vodili zubaru

kad nisu hteli da ti plate školarinu
sam si kriv, što nisi učio?

Wenn du mich deinen Freunden beschreibst, sagen sie, was willst du mit der?

du willst mich nicht anschauen
das abwenden deines kopfs ist ein schlag
ein häufchen erde auf den sarg
aus der hand dessen, der einst liebte

nächstes mal, wenn ich dich treffe
bist du vielleicht schon promoviert
hast schon deine frau aus der geburtsklinik begleitet

vielleicht werden die deinen losgehen
um dir den schlafanzug ins krankenhaus zu bringen
weil dir der kopf mit einer flasche eingeschlagen wurde
letzte nacht

deine mutter wird bemerken
ein mädchen an der ampel
sie kennen mich nicht
aber ich weiß, wer sie sind

als sie dich nicht zur exkursion ließen
und sich vor dir prügelten
dachten sie, dass deine backenzähne noch milchzähne sind
deswegen brachten sie dich nicht rechtzeitig zum zahnarzt

als sie dir nicht das schulgeld zahlen wollten
selbst bist du schuld, was hast du auch nicht gelernt?

tog će se dana
Etna opet raspršiti po turistima
javiće na radiju
parkom će prolaziti plavokose devojke
po klupama sedeti migranti
što viču lepa si

tvoje rane biće sveže očišćene jodom
ili pupak tvog deteta
naš susret ništa neće promeniti
opet će neko u mom selu
zapaliti šumu i šašinu
a hteo je jedino šašinu

an diesem tag wird
der Ätna wieder zwischen den touristen aufwirbeln
wird man im radio bekannt geben
blonde mädchen werden den park durchqueren
auf den bänken werden migranten sitzen
sie rufen, schön bist du

deine wunden werden frisch gereinigt sein mit jod
oder der bauchnabel deines kindes
unser treffen wird gar nichts ändern
wieder wird jemand in meinem dorf
den wald und die resternte anzünden
dabei war die resternte alles
was er anzünden wollte

Moja mama zna šta se dešava u gradovima

moja mama nema sina
nema overenu zdravstvenu knjižicu
njeno srce nije od čelika

surutka joj teče pod prstima
samoća se razlistava u stabljike kupusa

i samo je motika ostavlja bez daha

ona zna da su tatine ruke armirani beton
reči crni luk blizu očiju

razume jezik bilja
ima odgovor na pitanje zemlje
ali ćuti

ovde čudan znači dobar
a budak znači smrt

moja mama nema sina da je zaštiti

razumno je bilo jedino napustiti nas

naopako, mama
šta bi tek od mene bilo da si otišla

Meine Mama weiß, was in den Städten vor sich geht

meine mama hat keinen sohn
keine gültige krankenversicherung
ihr herz ist nicht aus stahl

molke fließt ihr unter den fingern
einsamkeit verwächst mit kohlstrünken

und nur die hacke raubt ihr den atem

sie weiß, papas arme sind aus stahlbeton
worte sind zwiebeln in augennähe

sie versteht die pflanzensprache
hat antwort auf die frage der erde
aber schweigt

hier bedeutet merkwürdig gut
und spitzhacke bedeutet tod

meine mama hat keinen sohn, der sie beschützt

das einzig vernünftige war, uns zu verlassen

aber, mama, andererseits
was wäre aus mir geworden
wärst du gegangen

Pismo tati

govorio si mi odžavamo
socijalni mir u Beogradu!
naše selo hrani sve te ljude

nije tačno, tata
znaš koliko ovde ima pijaca
dragstora, hipermarketa

o ljudima ne znam više od onoga
što se može zaključiti
na osnovu odeće
koju suše na terasama

nismo ni tamo pričali s komšijama
ali znali smo ih bolje nego sebe
znali smo koliko rakije
imaju u kom buretu

zidovi su tanki
svađe u gradu blede
a trebalo bi da ostanu krvav biftek
šta bi selo bilo bez njih?
parče mahovine i pokoja bela rada

njega dugo nisam videla
veliki je ovaj grad, tata
ali nema veze, srešćemo se

mi se uvek sretnemo

Der Brief an Papa

du sagtest, wir erhalten
den sozialen frieden in belgrad!
unser dorf ernährt all diese menschen

nicht richtig, papa
weißt du, wie viele supermärkte es hier gibt
drugstores, baumärkte

von menschen weiß ich nicht mehr als das
was man schlussfolgern kann
aufgrund der kleidung
die sie auf balkonen trocknen

auch dort sprachen wir nicht mit den nachbarn
aber wir kannten sie besser als uns selbst
wussten wie viel rakija
sie in welchem fass haben

die wände sind dünn
streitigkeiten verblassen in der stadt
sie sollten ein blutiges steak bleiben
was wäre ein dorf ohne sie?
ein stück moos und ein paar gänseblümchen

ich habe ihn lange nicht gesehen
diese stadt ist groß, papa
aber egal, wir werden uns noch treffen

wir treffen uns immer irgendwie

Nigde utehe

jutro je punilo urinarne kese
sestra budila da se spremamo za vizitu

mene i baku sa Zlatibora
koja je prvi put tog dana videla brokoli

doktorka, kako to mislite
da zaboravim na slatko

jedino što je valjalo u mom detinjstvu
bile su lubenice

deda ih je sejao, pola sela kralo
meni bilo žao što su naše

htela sam da počinim delo
ali kako?

roditelji ponavljaju
nismo te mi terali da ideš u grad

gibanica je oduvek bila vrhunac
njihove nežnosti

doktorka, hajde da nikome ne kažemo
kako danas ne mogu da ustanem iz kreveta

ako pozovu, recite dobro sam radujem
se digitalizaciji

Nirgends Trost

der morgen füllte die urin-katheter
schwester weckte uns, damit wir uns für die visite fertig machen

mich und großmutter aus Zlatibor
die das erste mal an diesem tag brokkoli sah

frau doktor, wie meinen sie das
ich soll auf süßes verzichten?

das einzige, das in meiner kindheit was taugte
das waren wassermelonen

großvater pflanzte sie an, das halbe dorf klaute sie
mir tat es leid, dass es unsere waren

auch ich wollte die tat begehen
aber wie?

die eltern wiederholen
nicht wir haben dich in die stadt getrieben

das gebäck gibanica war seit jeher der höhepunkt
ihrer zärtlichkeit

frau doktor, lassen sie uns niemandem sagen
wie ich heute nicht aus dem bett komme

wenn sie anrufen, sagen sie ihnen, mir geht's gut
ich erfreue mich an der digitalisierung

Samo proveravam

nemoj da se raduješ
ne razmišljam o tebi

samo proveravam
može li poezija
još uvek da me uzbudi

Ich hinterfrage nur

freue dich nicht
ich denke nicht an dich

ich hinterfrage nur
kann poesie
mich immer noch berauschen?

Tetka kaže to je smrt za pravoslavlje

ova devojka je maštala
o poslovnom kompletu
i visokom momku
koji nikad ne bi udario ženu

da kad stvari postanu teške
otpusti dugme na mojoj košulji

kad se pojavio, pisala sam pesme
o gospodinu sa damskim manirima

dušom poput šupljeg džepa kaputa
nenadano dubokom

mama, čujem šuštanje kukuruza
noću u ovom gradu
otkako sam shvatila

da toga što sam kod njega volela
ima u jednoj devojci
samo mnogo, mnogo više

Meine Tante sagt, das ist der Tod für die Orthodoxie

dieses mädchen träumte
von einem business-outfit
und einem großen kerl
der seine frau niemals schlagen würde

und wenn es schwierig wird
öffnet er den knopf auf meiner bluse

als er auftauchte, schrieb ich gedichte
über einen herren mit damen-manieren

mit einer seele wie eine leere manteltasche
unerwartet tief

mama, ich höre das rauschen des mais
nachts in dieser stadt
seitdem ich verstanden habe

dass es all das, was ich an ihm liebte
in einem mädchen gibt
nur viel viel mehr

Igračke ste kupovali za sina

možda nije slučajnost
što me kroz hodnik
Doma zdravlja ponekad
prozovu Radiša

što su me svi momci
kojima sam želela
da se svidim
smatrali ortakom

od traktora je teža
sva moja tuga
pokušaji da budem

devojka senzualna
sofisticirana
devojka-devojka

mama, tata, šta mislite

možda ste plastičnim
pištoljem kojim mi nikad
niste dali da se igram

ubili devojčicu koja se rodila

Das Spielzeug habt ihr für den Sohn gekauft

vielleicht ist es kein zufall
dass ich auf dem gang
der tagesklinik manchmal
als Radiša aufgerufen werde

dass alle jungs
denen ich
gefallen wollte
in mir einen kumpel sahen

schwerer als der traktor
ist meine ganze wehmut
die versuche zu sein

eine sinnliche junge frau
weltgewandtes
mädchen-mädchen

mama, papa, was denkt ihr

womöglich habt ihr mit der plastikpistole
mit der ich nie spielen durfte

das mädchen getötet
das geboren wurde

Ako ljubav, onda šta?

nisam znala postoji li Bog
po selu se pričalo
ima nešto!

nešto što nije dalo
da naučim kako se
vozi bicikl

kad si smotana!
rugala se sestra

to su čini! deda je govorio
to su čini

mrze nas jer smo bolji
pazi na šta staješ

godina je bila teška
kuća neomalterisana
podovi stodvadesetosmice truli

osim u dedi
ni u čemu nismo bili bolji
od komšiluka

i zašto sad nije ovde
da mi na kosu stavi venac
od ivanjskog cveća

na dlanove pospe vodu
sa tri izvora

Wenn Liebe, was dann?

ich wusste nicht, ob Gott existiert
im dorf sagte man
es gäbe da etwas

etwas, das nicht zuließ
dass ich lernte
fahrrad zu fahren

wie ungeschickt du bist!
spottete die schwester

das sind zauber! sagte großvater
das sind zauber

sie hassen uns, weil wir besser sind
pass auf, worauf du trittst

das jahr war schwer
das haus unverputzt
und die böden von einhundertachtundzwanzig verrottet

außer großvater
waren wir in nichts besser
als die nachbarschaft

und warum ist er nicht hier
mir auf den kopf einen kranz zu legen
aus gelbem waldstroh

mir die handflächen mit wasser zu übergießen
aus drei quellen

i skine mi tvoje čini
šašave

um mir abzunehmen
deinen närrischen zauber

Njena haljina

ona je sama
vidim to po rajsferšlusu njene haljine
nezakopčanom na leđima do kraja

Ihr Kleid

sie ist allein
das erkenne ich am reißverschluss ihres kleids
auf dem rücken am oberen ende ist er offen

Dva minuta bez poezije

znam, mama,
dali ste sve od sebe
ali sa mnom je krenulo
kao kad se Šarulja telila
– naopako

a bila sam dobra u školi
uvek petice, đak generacije

a sad, kojim ćeš me travama lečiti
od topline njenih usana

za raspuste sam boravila na njivi
svi drugi na moru
sad znam da najtužnije leto
nije ono provedeno u malinama

deda je prodao tele
i kući nije dolazio dok ga nije propio

i ne samo toliku rakiju
popio je čitavo imanje
bezbrižnost tvog detinjstva
baba je zbog njega prerano završila

neko će za to ispaštati
komšije su često govorile

mama, jesam li ja taj neko?

Zwei Minuten ohne Poesie

ich weiß, mama,
ihr habt alles gegeben
aber bei mir begann es
wie bei Šarulja als sie kalbte
– kopfüber

in der schule war ich gut
lauter einsen, jahrgangsbeste

aber jetzt, mit welchen kräutern wirst du mich
von der wärme ihrer lippen heilen?

für die ferien blieb ich auf dem feld
alle anderen waren am meer
jetzt weiß ich, der sommer im himbeerfeld
ist nicht der traurigste

großvater verkaufte das kalb
und kam erst nach hause, nachdem er es versoffen hatte

und nicht nur so viel rakija
er hat den ganzen hof vertrunken
die unbeschwertheit deiner kindheit
oma ist seinetwegen vorzeitig von uns gegangen

jemand wird es ausbaden müssen
haben die nachbarn oft gesagt

mama, bin ich dieser jemand?

Srpkinja sam, al' mi Kosovo nije u srcu, nego ti

tata je prvo kukao na dedu
što nije hteo
ni u četnike
ni u partizane
pa su ga ganjali i jedni i drugi

onda na predsednika

uvek na Ameriku

ovde se u rat išlo ako nemaš
vezu u vojnom odseku

generale
pobedili bismo da si znao

jedna zaljubljena žena
opasnija je od NATO tenka

protivraketnu zaštitu
nosi u grudima

bokove uvek drži
u borbenom položaju

sreće ima toliko
da štiklom ne potrefi minu

pobogu čoveče, naspavajte se

Ich bin Serbin, aber nicht der Kosovo ist in meinem Herzen, sondern du

papa klagte zuerst über den großvater
weil er weder
zu den tschetniks
noch zu den partisanen gegangen war
und so verfolgten ihn sowohl die einen wie die anderen

dann klagte er über den präsidenten

immer über Amerika

hier ging man in den krieg, wenn man keine
beziehungen beim militär hatte

herr general
wir hätten gewonnen, wenn du gewusst hättest

eine verliebte frau
ist gefährlicher als ein NATO-panzer

ein raketenabwehrsystem
trägt sie in den brüsten

die hüften hält sie immer
in kampfstellung

sie hat so viel glück
dass ihr absatz keine mine trifft

um gottes willen, mensch, schlafen sie sich aus

u vezi s kosovskim pitanjem
generale

božuri cvetaju

u mojim gaćicama

und was die kosovo-frage betrifft
herr general

rote pfingstrosen blühen

in meinem höschen

Brda

deda, reci mi
šta da zakopam u krtičnjak
da moji prsti manje hitaju
u njena brda

Hügel

großvater, sag mir
was soll ich in den maulwurfshügel eingraben
damit meine hände weniger eilen
in ihre Hügel

Sanjam oca i noževe, noževe, noževe

sećam se, zajedno smo slušali vesti:

u Crnoj Gori donet predlog zakona
o istopolnim brakovima

kako si ustao, prekrstio se i rekao
Crna Goro, postala si još crnja

opet si psovao Ameriku, ali, tata
nije ljubav Lidl da dođe sa Zapada

obići ćeš sve vračare da me spaseš

nema vajde, ja ću misliti o njoj
ti o ženi na koju inače misliš
kad slušamo Šabana Šaulića

hej, tata, imaćeš divnu snaju

ta delija devojka zna da puca iz puške
možeš u nebesa da vineš jabuku

da, tata, imaćeš snaju iako nemaš sina
vidiš koliko je domišljat Bog

Ich träume vom Vater und Messern, Messern, Messern

ich erinnere mich, wir hörten gemeinsam nachrichten:

in Montenegro wurde ein gesetzentwurf angenommen
über gleichgeschlechtliche ehen

als du aufgestanden bist, hast du dich bekreuzigt und gesagt
Montenegro, jetzt bist du noch schwärzer geworden

wieder schimpftest du auf Amerika, aber, papa
liebe ist nicht wie Lidl etwas, das aus dem Westen kommt

du wirst alle wunderheiler abklappern, um mich zu retten

es nützt nix, ich werde an sie denken
und du an die frau, an die du sonst auch denkst
wenn wir Šaban Šaulić hören

hey papa, du wirst eine wunderbare schwiegertochter haben

dieses mordskerl-mädchen weiß, wie man schießt mit einem gewehr
du kannst den apfel weit in den himmel hinaufwerfen

also, papa, du wirst eine schwiegertochter haben, wenn auch keinen sohn
siehst du, so clever ist Gott

Do mog srca treba deset minuta kolima

kad je napunio osamdeset
deda je oglasio na lokalnom radiju

tražim ženu sa vozačkom dozvolom
radi braka

telefon je zzzvonio

deda govorio da ima
pravougaonike na dlanovima
a takvi ljudi ne mogu sami

sobu je delio sa mnom
ali je čitavo brdo bilo njegovo
zato ga i zovu! tvrdila je mama

u školi su me zadirkivali
baba će ti biti pilot
do vas se može jedino
helikopterom

shvatam, grešila sam
kad sam se ljutila na njega
zapitkivala zašto ćuti
i ja sam žena
meni može sve da kaže

sinoć sam primetila
pravougaonik na svom dlanu

deda, otkad te nema toliko je stvari
koje više nikom
ne pokušavam da objasnim

Bis zu meinem Herzen sind es zehn Minuten mit dem Auto

als er achtzig wurde
verkündete der großvater im lokalradio

ich suche eine frau mit führerschein
wegen heirat

das telefon kkklingelte

der großvater sagte
er habe rechtecke auf den handflächen
und solche menschen könnten nicht allein

das zimmer teilte er mit mir
aber der ganze berg war seiner
deswegen rufen sie auch bei ihm an! behauptete die mutter

in der schule neckten sie mich
du bekommst 'ne pilotin als neue großmutter
zu euch schafft man es nur
mit dem helikopter

ich sehe es ein, es war ein fehler
sich über ihn zu ärgern
ihn ständig zu fragen, warum er schweigt
ich bin auch eine frau
mir kann er alles sagen

letzte nacht bemerkte ich
das rechteck auf meiner handfläche

großvater, seit du nicht mehr da bist, gibt es so viele dinge
die ich niemandem mehr
zu erklären versuche

Jezik bilja

mama, sanjam livade
jutarnje izvođenje krava
kiše od kojih se grana
i narasta naš jezik bilja

oko čijeg će se vrata obaviti
rečenice-bršljani
kad rastvore fasade porodičnih kuća

mama, živim u gradu
ali ja sam rudar
zatrpan pitanjima zemlje

koja se do sada
nasleđivala po muškoj liniji
a kad sam se rodila
ona je postala miraz

u suton se međe
ocrtavaju na mojim dlanovima

poput zvuka vode
sekundu pre ključanja
tako čujem bujanje naših biljaka
neke su reči toliko nežne
da ih čuvamo u plastenicima

da li da im otkrijemo, mama?

Pflanzensprache

mama, ich träume von wiesen
dem morgendlichen ausführen der kühe
dem regen, durch ihn verzweigt sich
und wächst unsere pflanzensprache

um wessen hals werden sich
efeu-sätze ranken
wenn sie die fassaden der familienhäuser aufbrechen

mama, ich lebe in der stadt
aber ich bin bergarbeiter
begraben von fragen der erde

bisher
in männlicher linie vererbt
wurde sie nach meiner geburt
zur mitgift

in der dämmerung zeichnen sich die feldgrenzen
auf meinen handflächen ab

wie das geräusch von wasser
eine sekunde vor dem brodeln
so höre ich das gedeihen unserer pflanzen
manche worte sind so sanft,
dass wir sie in gewächshäusern schonen

sollen wir es ihnen sagen, mama?

jezik bilja
nema veze s tim odakle ste

jezikom bilja govore majka i
ćerka kad ne pričaju dovoljno

pflanzensprache
hat nichts mit eurer herkunft zu tun

pflanzensprache sprechen mutter und tochter
wenn sie nicht genug reden

Cvetin sin se nije ženio

sedam dana pred smrt
Cvetu smo viđali
kako grleći jastuk
obilazi oko jabuke u dvorištu

nije to bila bilo kakva jabuka
plodovi su bili crveni
i sočni, pretpostavljam
jer su bili i zabranjeni

ne zbog Eve, nego deda
je govorio
nikako, Mile, nemoj tamo prilaziti

da nije tamo zakopan ćup sa zlatom?
nije to, Mile, naše blago
čudno se deda nasmejao

nego čije?
Cvetino i Jolovo

na sahrani su rekli
Cveta ima sina jedinca
a malo ko zna
troje je žive dece rodila

prvo dvoje nije preživelo
imala su defekt
– nisu bila muška

Zvetas Sohn hat nicht geheiratet

sieben tage vor dem tod
sahen wir Zveta
wie sie im hof, ein kopfkissen umarmend
um einen apfelbaum ging

nicht dass es irgendein apfelbaum war
die ernte war rot
und saftig, ich nehme an
deswegen waren sie auch verboten

nicht wegen Eva, sondern weil
großvater sagte
auf keinen Fall, Mile, darfst du dich ihm nähern

ist da etwa ein krug mit gold vergraben?
nicht das ist unser schatz, Mile
lachte komisch der großvater

sondern wessen?
Zvetas und Joles

auf der beerdigung sagten sie
Zveta hat nur einen sohn
aber nur wenige wissen
sie hat drei lebende kinder geboren

die ersten beiden haben nicht überlebt
sie hatten einen defekt
– sie waren keine söhne

porasle su devojke
noću plešu oko jabuke
deda mi je rekao
pre nego što je ispljuvao
krv

die mädchen wuchsen heran
nachts tanzen sie um den apfelbaum
sagte mir großvater
bevor er blut spuckte

Je l' tuga sa sela?

trebalo bi nakupiti suvih
bagremovih drva, podložiti bubnjaru

deda je kupio jednu na vašaru
za deset minuta bi nas isterala iz sobe

trebalo bi naučiti kako se cepaju drva
dok si još dete

što čvršće stežeš sekiru pre ćeš se umoriti
ožuljati dlanove

trebalo bi zauzeti sopstvenu dušu
kao parče zemlje, navodnjavati je bistrinom
zasaditi zimzelenim biljkama
opleviti potrebu da te bilo ko razume

trebalo bi, definitivno, posaditi nešto

trebalo bi srce dati đuture nekome
ko ne meša ljubav i akcionarsko društvo

biti srećan, biti zahvalan bubnjari
dugo je jedino ona htela da me ugreje

trebalo bi znati kako nije tačno
da treći put Bog pomaže

pitajte moje roditelje

Ist die Wehmut vom Lande?

man sollte trockene
akazienzweige sammeln, um den trommelofen anzufachen

der großvater kaufte einen auf dem jahrmarkt
dieser vertrieb uns nach zehn minuten aus dem zimmer

du sollst lernen, wie man holz hackt
wenn du noch ein kind bist

je fester du den axtstiel drückst, desto früher wirst du müde
bekommst schwielen

man sollte die eigene seele pflegen
wie ein stück land, sie bewässern mit klarheit
immergrünes gewächs setzen
das bedürfnis jäten, von irgendjemand verstanden zu werden

man sollte, definitiv, etwas einpflanzen

man sollte sie zusammen mit dem herzen jemandem geben
der die liebe und die aktiengesellschaft nicht mischt

glücklich sein, dem trommelofen danken
lange zeit wärmte mich nur er

man muss wissen, es ist nicht wahr
dass beim dritten mal Gott hilft

fragt meine eltern

Ako je ljubav, onda je ljubav

ona je opasna
njene su usne poezija
koju neću pročitati

došla je taman kad je trebalo
kao rodna godina
zapalila vatru ne znajući
koliko jako mogu da gorim

najgora je sebi, a meni je poluga
od zlata iz trezora federalnih rezervi

ima je dovoljno da dolar apresira
i izvoznici pamuka iz Meksika
procvetaju pre njega

ona se ne javlja, ne javlja se!
a toliko laži imam da joj kažem

da je neću čekati
da je ništa ne razumem

i kako slušam tatu, a on hoće deliju

da okopa poljanu pod malinama
čuva hektare bukovine i smonicu
pod noktima

Wenn es Liebe ist, ist es Liebe

sie ist gefährlich
ihre lippen sind poesie
die ich nicht lesen werde

sie kam wie gerufen
wie ein ertragreiches jahr
und entfachte ein feuer, ohne zu wissen
wie hell ich brennen kann

am schlimmsten ist sie zu sich selbst, aber für mich
ist sie ein goldbarren aus dem tresor der federal reserve bank

es gibt genug davon, um den dollar aufzuwerten
und sogar die baumwollexporteure aus mexiko blühten zuvor auf

sie meldet sich nicht, meldet sich einfach nicht!
dabei habe ich ihr so viele lügen zu sagen

dass ich nicht auf sie warten werde
dass ich sie überhaupt nicht verstehe

dass ich auf meinen papa höre, aber der will einen mordskerl

damit dieser das land unter den himbeeren umgräbt
die hektar an buchen bewahrt
und die fruchtbare erde unter den nägeln

Samo želim nekog da rasklopimo traktor mog oca u tišini

ja sam šmeker-devojka
imam perorez u džepu
i žice u brushalteru

stavljala sam srce pod hipoteku
htela da gradimo dom
sad nisam sigurna
da li me je iko od tih ljudi voleo

ali pustila sam prošlost da to i ostane
ja se, tata, prva probijam kroz sneg
i cvetam, kao kukurek

birala sam hranu, ustajala kasno
nema od takvih ništa, govorio si

a znaš kakva ću ja, tata, biti žena
jaka kao šifre na imejlu
neću se šminkati, hraniću se zdravo
na mom čelu pisaće organik

noću ću hodati sama
biću devojka-hajdučka trava
onakva kakvu nikad ne bi oženio

opstaću kad gromovi udaraju
u trafostanice, kad spiker govori

Ich wünsche mir nur jemanden, mit dem ich den Traktor meines Vaters in Stille auseinandernehmen kann

ich bin ein ganoven-mädchen
habe ein klappmesser in der hosentasche
und drähte in meinem BH

ich verpfändete mein herz
wollte, dass wir ein haus bauen
jetzt bin ich nicht sicher
ob mich überhaupt jemand von diesen leuten liebte

aber ich ließ die vergangenheit vergangen bleiben
ich bin die erste, papa, die sich durch die schneedecke schlägt
und blüht, wie eine lenzrose

mit dem essen war ich wählerisch, stand spät auf
aus solchen Leuten wird nichts, sagtest du

aber weißt du, papa, was ich für eine frau sein werde
stark wie e-mail-passwörter
ich werde mich nicht schminken, werde mich gesund ernähren
auf meiner stirn wird man schreiben: organic

nachts werde ich allein heraumlaufen
ich werde ein mädchen wie eine hajduken-schafgarbe sein
so eine würdest du niemals heiraten

ich werde überleben, wenn blitze einschlagen
in trafostationen, wenn der nachrichtensprecher sagt

ne izlazite bez preke potrebe
a penzioneri lome kukove na trotoaru

sama sam, tata, jer ja sam ljutić-devojka
melem, ako me prisloniš na kožu
a kad me držiš predugo, otvaram rane

ja sam sveže bilje, tata, i suvo sam bilje
na tavanu koje čeka da pristaviš čaj

samo nikad nisam osetila da sam
majčina ili tvoja dušica

ali, oprostila sam

traktor je startovao u zoru i vraćao se
kad padne mrak

nije vreme
za mene su naporno radili moji roditelji

verlassen sie nicht das haus wenn nicht nötig
und die rentner sich die hüften auf dem bordstein brechen

ich bin allein, papa, denn ich bin ein mädchen wie scharfer hahnenfuß
balsam, wenn du mich auf die haut legst
aber wenn zu lang, dann öffne ich wunden

ich bin frische kräuter, papa, und trockene kräuter bin ich auch
auf dem dachboden, die darauf warten, dass du den tee aufgießt

bloß habe ich nie gefühlt, dass ich
mutters oder deine blume bin

aber ich habe verziehen

der traktor startete im morgendämmern und kam zurück
bei anbruch des abends

nicht die zeit
sondern meine eltern haben hart für mich gearbeitet

Sadržaj

Inhaltsverzeichnis

Die Gedichte »Das Ferkel auf der Wall Street« (»Prase na Vol Stritu«), »Brief an Vater« (»Pismo tati«) und »Ich kann es nicht wärmer« (»Ne umem toplije«) wurden erstmals im Auftrag der Monacensia im Hildebrandhaus im Rahmen des Projektes #MYNCHEN Stadt-Land-Geld ins Deutsche übertragen und im Blog der Münchner Stadtbibliothek veröffentlicht.

Originaltitel: MOJA MAMA ZNA ŠTA SE DEŠAVA U GRADOVIMA
erschienen bei PPM Enklava, Belgrad 2021

Deutsche Erstausgabe

Lektorat und Korrektorat: Helge Pfannenschmidt
Umschlaggestaltung: artbastard.de
Satz: Fred Uhde
Druck und Bindung: BALTO print, Vilnius

ISBN 978-3-86391-378-6

voland-quist.de